7 Juin 1911

VENTE

par suite du décès de Mme L...

BEAUX BIJOUX

EN

Perles, Diamants et Pierres de couleur

COLLIERS DE PERLES

Sautoir

BIJOUX ANCIENS

ARGENTERIE

Objets d'Art

Me GASTON FRANÇOIS | M. ARTHUR BLOCHE
COMMISSAIRE-PRISEUR | EXPERT PRÈS LA COUR D'APPEL

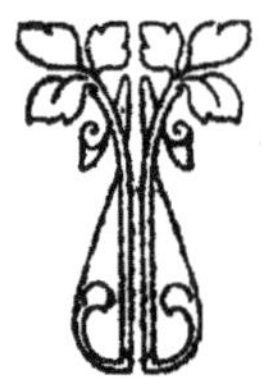

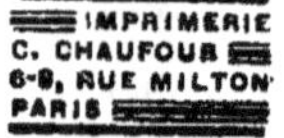
IMPRIMERIE
C. CHAUFOUR
6-8, RUE MILTON
PARIS

CATALOGUE

DES

BEAUX BIJOUX

EN

PERLES, DIAMANTS & PIERRES DE COULEUR

Sautoir en rubis, perles et roses

DEUX COLLIERS DE PERLES

Etoiles, Trèfles, Fleurs en brillants
Boutons d'oreilles, Pendentifs, Broches, Bracelets, Bagues
Epingles et coulants de cravates, Trousse
Epingles de chapeau, Face à main

MONTRES ANCIENNES

Boites, Bonbonnières, Etuis, Flacons
du XVIIIᵉ SIÈCLE

ARGENTERIE ANCIENNE ET DE TABLE

Objets de vitrine

Appartenant à M. L...

DONT LA VENTE AURA LIEU

Par suite du décès de Mᵐᵉ L...

HOTEL DROUOT — SALLE Nº 2

Les Mercredi 7 et Jeudi 8 Juin 1911, à 2 heures

Mᵉ Gaston FRANÇOIS	M. Arthur BLOCHE
COMMISSAIRE-PRISEUR	EXPERT PRÈS LA COUR D'APPEL
23, Rue Le Peletier, 23	21, Boulevard Haussmann

CHEZ LESQUELS SE TROUVE LE PRÉSENT CATALOGUE

EXPOSITION PUBLIQUE

Le Mardi 6 Juin 1911, de deux heures à six heures

ORDRE DES VACATIONS

Mercredi 7 Juin 1911

Perles, Diamants, Bijoux anciens et modernes.

Jeudi 8 Juin 1911

Boîtes, Bonbonnières, Etuis, Objets de vitrine, Porcelaines-
Argenterie

CONDITIONS DE LA VENTE

La vente sera faite au comptant.

Les adjudicataires paieront *dix pour cent* en sus des
enchères.

L'exposition mettant le public à même de se rendre compte
de l'état et de la nature des objets, il ne sera admis aucune
réclamation une fois l'adjudication prononcée.

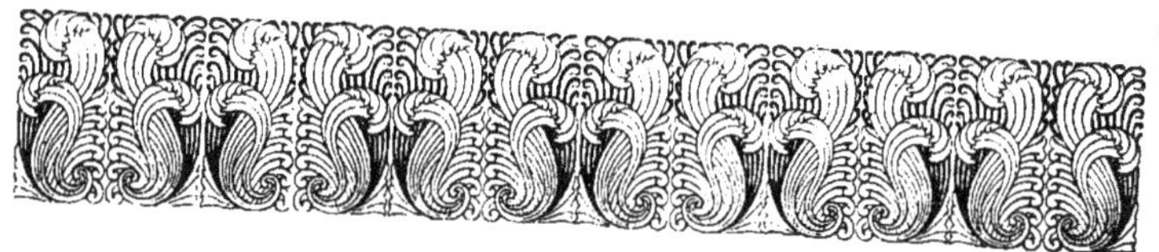

DÉSIGNATION

BIJOUX, PERLES ET DIAMANTS

1 -- Joli collier d'un rang de cinquante-neuf perles avec fermoir, composé d'un rubis cabochon entouré de petits brillants.

> Poids des perles : 381 grains.

2 — Collier de trois rangs de quatre cert quarante sept petites perles entrecoupées de huit émeraudes forme boules, cadenas or.

> Poids des perles : 143 grains et demi.
> Poids des émeraudes : 15 carats 5/8.

3 — Sautoir composé de vingt-six rubis cabochons, vingt-sept perles, cinquante-quatre roses, monture or.

> Poids des rubis : 31 carats 1/4.
> Poids des perles : 64 grains.
> Poids des roses : 4 carats 1/16.

4 — Broche à pampilles forme bouquet de fleurs et de fraises en or émaillé enrichi de roses.

5 — Cinq étoiles en brillants, formant broches, ornements de corsage ou de coiffure, avec peigne en écaille sur lequel s'adaptent trois de ces étoiles.

6 — Grande broche forme trèfle enrichi d'un grand saphir entouré de brillants avec trait et plume pavés de roses.

7 — Pendentif composé d'un grand rubis entouré de petits diamants, monté en pendeloque mobile au milieu de rinceaux fleuris, suspendu à une chaîne de cou en platine.

8 — Grand pendentif, motif élégant en saphirs cabochons, rubis, perles et diamants avec bélière en rubis et brillants.

9 — Broche-pendentif en brillants et roses, forme fleur, suspendu à un nœud de rubans avec gerbes de petits feuillages autour et perle poire montée en pendeloque.

10 — Broche forme fleur et feuillages en brillants et roses.

11 — Broche fer à cheval en rubis, saphirs et brillants ornée d'une perle poire montée en pendeloque.

12 — Broche forme bouquet en perles roses et petites roses.

13 — Broche forme fleur en brillants et roses.

14 — Petite broche composée d'un rubis entouré de dix brillants.

15 — Petite broche composée d'un rubis entre deux brillants entourés de dix-sept brillants.

16 — Paire de boucles d'oreilles formées chacune d'un rubis entouré de huit brillants, avec brillant sur la brisure.

17 — Paire de boucles d'oreilles composées chacune d'un rubis entouré de huit brillants.

18 — Bracelet en or enrichi d'un chaton avec gros brillant entouré de huit brillants et le corps orné de vingt brillants et roses.

19 — Bracelet en or avec gros chaton, rubis entouré de huit brillants.

20 — Bracelet porte-bonheur enrichi de sept saphirs et six brillants avec griffes en roses.

21 — Bague composée d'une jolie perle blanche d'Orient entourée de huit brillants avec deux brillants sur le corps de la bague.

22 — Bague composée d'une perle noire entourée de dix brillants.

23 — Bague composée d'une émeraude entourée de douze brillants.

24 — Bague composée d'un brillant forme dite *navette*, corps de la bague enrichi de roses.

25 — Bague grande marquise rectangulaire en brillants, rubis et saphirs.

26 — Bague marquise composée au centre d'un saphir et toute pavée de brillants.

27 — Bague marquise rectangulaire, enrichie au
centre d'un brillant deux rubis encerclés et
entourés de roses.

28 — Bague forme S fleuries avec rubis au centre et
rinceaux en diamants.

29 — Épingle formée d'une grosse perle grise avec
petit brillant au-dessous.

Poids de la perle : 37 gr. 1/4.

30 — Épingle de cravate enrichie d'un saphir cabochon encerclé de roses enrubannées avec deux
brillants aux extrémités.

31 — Épingle de cravate forme écusson aux aigles de
Russie sur fond d'émail vert encerclé de roses.

32 — Épingle de cravate composée au centre d'un
brillant encerclé en carré de rubis et diamants.

33 — Épingle de cravate formée d'une opale forme
poire sur calotte en roses.

34 — Épingle de cravate forme poignard en brillants
taillés en manche et lame avec garde en rubis.

35 — Coulant de cravate formé d'un joli camée à
quatre têtes entourés de brillants, monture or.

36-37 — Deux coulants de cravate en or mat, enrichis
chacun d'un rubis et de deux brillants.

38 — Deux gros boutons de chemise forme tortillons
en or mat, enrichis chacun d'un saphir cabochon
et de deux brillants.

39 — Fourche de coiffure en écaille, enrichie d'un motif en roses.

40 — Bracelet artistique en or avec trois émaux peints, amours en grisaille, celui du milieu offre au revers portrait de personnage Moyen-Age enrichi de roses et de perles.

41 — Trousse en or composée de sept pièces : Bourse, miroir, boîte à poudre, étui à fard, couteau tire-boutons et cure-dents suspendus à une chaîne.

42 — Face à main en écaille blonde, montée en or.

43 — Grande et belle topaze fumée avec inscription, *souvenir* en roses.

44 — Grande épingle de chapeau représentant une tête de coq, formée d'une grosse perle baroque, de rubis et de roses.

45 — Epingle de chapeau enrichie de petits brillants et de roses.

46 — Breloque forme petit porte-bonheur tout pavé de roses.

47 — Bijoux divers de fantaisie.

BIJOUX ANCIENS

OBJETS DE VITRINE

48 — Montre en or, boitier à jour laissant voir le mouvement, enrichi de strass, décor à armoirie, Signée FERRON et FAZY, époque Louis XVI.

49 — Montre en or repoussé et ciselé, représentant sur le boitier la trahison de Judas, encadrement à rocailles, époque Louis XV.

5o — Montre en or, boitier émaillé bleu, représentant au centre en réserve un médaillon : portrait de jeune fille, garni de guirlandes en roses, cadran signé LEPINE, à Paris, époque Louis XVI.

51 — Montre en or, boitier ciselé, représentant au centre dans un médaillon, des volatiles dans des branchages, cadran entouré de strass, mouvement signé COVELLE et ROMILLY, à Genève, époque Louis XVI.

52 — Montre en or, boitier ciselé représentant un trophée de flèches et attributs de musique, fermoir enrichi d'un diamant, époque Louis XVI.

53 — Montre en or, boitier émaillé bleu, entourage de demi-perles, fin du XVIIIᵉ siècle.

54 — Montre de forme ovale en or guilloché, cadran entouré de demi-perles, mouvement, signé LECHOPIER, à Paris, indiquant les jours du mois, fin du XVIIIᵉ siècle.

55 — Montre en or guilloché, entourage de demi-
perles.

56 — Montre en or émaillé, boitier à jour laissant
voir le mouvement, à sonnerie, signé Bréguet.

57 — Montre en or, mouvement à musique et sonnerie signée Cœur Fils, à Paris.

58 — Montre en or, boitier guilloché, cadran émaillé
découvrant le mouvement, à sonnerie.

59 — Montre plate en or, boitier guilloché. Travail
ancien.

60 — Montre en or filigrané, enrichie de pierreries,
offrant au centre une peinture sur émail : femme
tenant une corne d'abondance; cadran gravé,
mouvement signé Courvoisier Frères.

61 — Tabatière en or et matière dure.

62 — Montre en or, boitier émaillé à décor polychrome; double boitier en métal. Ayant figuré à
l'Exposition de Moscou de 1884.

63 — Curieux thermomètre, monture en or et nacre
gravés, formant clé de montre. Travail ancien.

64 — Montre en argent, cadran finement ciselé
représentant une scène à trois personnages.

65 — Jumelle en écaille incrustée d'or de couleur,
monture en or. Travail de la maison Bautain,
à Paris.

66 — Bague en or, ornée d'une miniature ovale :
jeune femme tenant un chien en laisse.

67 — Grand canif en nacre à garniture or, lame
en argent.

68 — Flacon à aiguilles en argent, formé par une
clé suspendue par une chaînette à une lyre.

69 — Intéressant jeu complet de trente-deux cartes
en argent peint. Travail ancien.

70 — Presse-papier formé par une salamandre en or
finement ciselé et perle, reposant sur un socle en
matière dure.

71 — Bracelet composé de sept camées reliés par
une chaînette en or.

72 — Bonbonnière en or vierge forme poulet.

73 — Bonbonnière offrant sur le couvercle, sous
verre : l'Education du petit chien.

74 — Cadre à photographie à double face en or
filigrané.

75 — Breloque, camée sculpté sur les deux faces,
encadrement en or.

76 — Boîte à allumettes en ancienne porcelaine de
Saxe, décor à fleurs en polychrome.

77 — Bonbonnière en cuivre gravé, ornée sur le
couvercle d'une miniature : portrait de jeune
femme. Signée DE PERTY.

78 — Tabatière en argent gravé et repoussé enrichi
de pierreries, ornée sur le couvercle de deux
miniatures.

79 — Bonbonnière ornée sur le couvercle d'une peinture en vernis genre Martin représentant la
Sainte Famille. Signée STOCKMANS.

80 — Statuette en ancienne porcelaine de Saxe :
Prix de la Constance.

81 — Flacon forme bébé en porcelaine.

82 — Boîte forme volatile en porcelaine à plumage
polychrome.

83 — Boîte forme souris en porcelaine.

84 — Groupe de deux enfants en ivoire et ébène allé-
gorique à la réconciliation des Américains et des
nègres. Travail de Nuremberg.

85 — Statuette de jeune garçon nu pleurant, en
ivoire. Socle en bois noir.

86 — Petit buste d'empereur romain en matière
dure.

87 — Bonbonnière en écaille ornée sur le couvercle
d'une miniature en grisaille sur fond rose : scène
champêtre. Montée en or.

88 — Presse-papier en ivoire sculpté : cerf.

89 — Bonbonnière en matière dure sculptée, décor
représentant une scène mythologique. Monture
en or.

90 — Bonbonnière en écaille ornée sur le couvercle
d'une miniature : le Sacrifice.

91 — Poisson en nacre.

92 — Presse-papier formé par le buste de Napoléon Ier mort, en bronze doré. Socle marbre vert.

93 — Petit buste en bronze doré : la Rieuse, de INJALBERT. Edition de SIOT-DECAUVILLE.

94 — Deux bracelets en filigrane d'argent doré, enrichis de turquoises.

95 — Paire de grands et curieux pendants d'oreilles, modèle lustres à pampilles en or émaillé, filigrané, enrichi de grappes de raisin en perles. Travail ancien du temps d'Ivan le Terrible.

96 — Paire de pendants d'oreilles en or filigrané, turquoises et perles.

97 — Deux pendants en or filigrané et gravé.

98 — Petite figurine de seigneur plein d'embonpoint, le corps formé d'une perle baroque, costume et toquet émaillés.

99 — Curieux pendentif en or émaillé représentant un démon armé d'une fourche et d'un poignard sur un trapèze, chaînette et pendeloque avec brillants et perles.

100 — Cachet-breloque en or ciselé ; *Esculape* debout sur jaspe.

101 — Bourse en or.

102 — Paire de pendants d'oreilles : bouclés en émail gros bleu, bélière en roses.

1o3 — Petite boîte rectangulaire en or gravé, époque commencement du xixe siècle.

1o4 — Boîte plate en or gravé avec peinture sur émail, amours, fleurs et oiseaux.

1o5 — Grande boîte à contours, en or gravé, dessus en malachite. Travail russe.

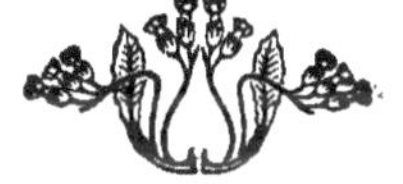

ARGENTERIE

106 — Service complet de table pour vingt-quatre
personnes, décor à rocailles, de style Louis XIV,
en argent ciselé, composé de :
Vingt-quatre grands couverts.
Vingt-quatre couverts d'entremets.
Vingt-quatre grands couteaux, manches et
lames en argent.
Vingt-quatre couteaux plus petits.
Une pelle à poisson.
Une grande cuiller.
Un couvert à découper.
Trois cuillers à sucre et à sauce.
Une pince à sucre.
Six cuillers à sel.
Renfermé dans deux écrins.

107 — Six dessous de carafes de même modèle, fonds
en bois.

108 — Vingt-quatre cuillers à café de même modèle.
(Dans un écrin.)

109 — Pince à asperges, couteau à beurre et louche,
de même modèle.

110 — Meguilah, manuscrit de l'histoire d'Esther et
d'Assuérus, dans un rouleau en argent. Travail
ancien filigrané.

111 — Vase avec couvercle sur trois boules en argent
repoussé à scènes mythologiques. Epoque
Louis XIII.

112 — Timbale en argent repoussé et ciselé : scènes de buveurs. Travail d'Augsbourg ancien et repris.

113 — Gobelet en argent gravé à feuillages encadrant des monnaies à l'effigie de Pierre le Grand. Travail ancien.

114 — Drageoir en argent, décor à personnages mythologiques et fleurs. Epoque Louis XVI.

115 — Timbale à godrons et lambrequins fleuris repoussés sur argent. xviiie siècle. Travail russe.

116 — Timbale en argent repoussé, décor à scènes champêtres. Epoque Louis XIII.

117 — Deux timbales en argent repoussé, dessin à rocailles et aigles aux ailes déployées. Epoque Louis XV.

118 — Deux timbales en argent repoussé, dessin médaillons fleuris. Travail ancien.

119 — Moutardier en argent du Directoire.

120 — Six petites tasses lobées en argent gravé et anciennes.

121 — Petite tasse à déguster pentagonale, en argent gravé du xviiie siècle.

122 — Petite timbale surbaissée en argent et ancienne.

123 — Sucrier ovale en argent repoussé à ornements coquillés. Travail d'Augsbourg. Epoque Louis XV.

124 — Deux brocs en cristal montés en argent.

125 — Cafetière en argent ciselé, décor à feuilles
d'acanthe et godrons, bec formé par une tête
d'animal. Epoque du Ier Empire.

126 — Cafetière, sucrier et pot à crème en argent,
décor à ogives.

127 — Théière à couvercle surmonté d'une fleur et
bec formé par une tête d'animal.

128 — Pot à crème, décor à rocailles en argent.

129 — Plateau, bord ajouré, décor à ceps de vigne
en argent.

130 — Corbeille avec pieds, anses et bordure finement ciselés, décor à guirlandes de fleurs et de
feuillages.

131 — Corbeille à pain, anses et bordure formées
de cordelières.

132 — Corbeille godronnée posant sur quatre pieds,
avec anses.

133 — Corbeille sur piédouche avec anse ajourée,
décor à godrons et fleurs.

134 — Quatre coquilles à glace en vermeil.

135 — Salière forme de coquilles d'huîtres suppor-
tées par un groupe de deux dauphins accouplés.
Travail de la Maison ODIOT.

136 — Sucrier avec couvercle, bordure ciselée, décor
à coquilles et feuillages.

137 — Cendrier bords contournés, supporté par des
branchages. Travail ancien.

138 — Timbale à anse et soucoupe, décor à rais de
cœur. Époque Empire.

139 — Deux chandeliers Louis XIII, décor repoussé
et ciselé, représentant des bustes de personnages
dans des médaillons, et des guirlandes de fleurs
et de feuillages.

140 — Service verre d'eau composé d'un plateau,
d'un carafon en cristal de Bohême orné de pein-
tures avec couvercle en argent, deux petites
tasses et deux soucoupes.

141 — Fourreau de poignard, décor filigrané et ciselé
à ornements divers.

142 — Boîte à poudre en vermeil ciselé, décor à
rocailles et fleurs. Style Louis XV.

143 — Huilier, piédouche formé par des branchages
ajourés, avec six flacons en cristal taillé, et trois
couvercles en argent.

144 — Six petits gobelets sur piédouches, décor à
rosaces et feuillages.

145 — Grande timbale, décor imitant une ruche,
anse formée par une branche.

146 — Neuf timbales à anses, décor ciselé, repoussé
et ajouré, représentant des sujets variés.

147 — Presse-papiers formé par un tigre, sur socle
en marbre noir.

148 — Encrier formé par un sabot de cheval finement ciselé avec couvercle à l'intérieur.

149 — Coffret à cigares, décor à armoiries et ins-
criptions.

150 — Deux cendriers supportés par des perroquets.

151 — Pièce de surtout formée par une coupe sur-
montée d'un chasseur et supportée par un fais-
ceau de fusils.

152 — Trois salières, décor en relief à feuilles
d'acanthe.

153 — Salière formée par deux souliers ornés d'oiseaux.

154 — Sucrier forme vache.

155 — Cendrier à anse, piédouche forme branchage.

156 — Deux pots à crème à anses en argent et en
bois noir.

157 — Timbale en vermeil ciselé formée par une
tête de cerf.

158 — Petite corbeille à anse Louis XVI, décor
ajouré à têtes de béliers et guirlandes.

159 — Cendrier forme coupe, anses ornées de mas-
carons. Travail ancien.

160 — Porte cure-dents forme monument, orné de
trois statuettes de général et grenadiers.

161 — Coupe à bonbons, forme coquille d'huitre.

162 — Tabatière en argent gravé, parties dorées.

163 — Flacon forme poisson articulé.

164 — Coupe-papier formé par une figure de
pêcheur avec rames.

165 — Manche de canne formé par un buste du
prince Poniatowski finement ciselé.

166 — Tabatière en argent et ambre.

167 — Deux cendriers forme baignoires.

168 — Trois cuillers russes de forme arrondie, manches torsades.

169 — Breloque forme poire : flacon à parfums.
Travail ancien.

170 — Trois pièces de service, décor à rocailles.

171 — Deux fourchettes à hors-d'œuvre.

172 — Six grands couverts.

173 — Six autres couverts plus petits, de modèle
semblable.

174 — Six couteaux, lames en métal.

175 — Cuiller à gâteaux.

176 — Trois petites cuillers russes, de forme arrondie··

177 — Trois cuillers à sel.

178 — Objets omis.

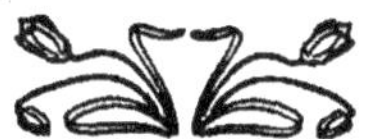